CB078321

rabiscos no pensamento

Helena Hofmeister Martins-Costa

Porto Alegre

2011

Copyright © 2011 Helena Hofmeister Martins-Costa

Coordenação editorial e seleção de textos
Agência da Palavra

Preparação e revisão
Rodrigo Rosp

Capa
Humberto Nunes

Projeto gráfico e diagramação
Évelyn Bisconsin – Porto DG

Dados Internacionais de Catalogação na Publicação (CIP)

M386r Martins-Costa, Helena Hofmeister
Rabiscos no pensamento / Helena Hofmeister Martins-Costa. –
Porto Alegre : Dublinense, 2011.
96 p. ; 21 cm.

ISBN: 978-85-62757-25-9

1. Poesia Brasileira. 2. Literatura Brasileiros. I. Título.

CDD 869.917

Catalogação na fonte: Ginamara Lima Jacques Pinto (CRB 10/1204)

Todos os direitos desta edição
reservados à Editora Dublinense Ltda.

Av. Taquara, 98/504
Petrópolis – Porto Alegre – RS
contato@dublinense.com.br

dublinense

Ao Antônio
com esta saudade imensa!

Aos meus amores
Judith, Sergio, Maria Cristina,
Ricardo, Henrique, Luciano,
Ramiro, Laura, Helena
e
amados netos e netas
Mariana e Clarissa,
Gabriela e Fernanda,
Paula, Lucas e Marina,
Julia, Luciana e Pedro,
Antônio e Francisco,
Caetano e Lourenço,
Ariadne e Lucas,
Arthur, André e Luiza,
Rodrigo
e bisnetos
Pedro e Dora, Gabriel e aos que virão!

Vejo sem vaidade
que via longe!

Engavetados estão
os pensamentos projetados
há longo tempo.

retratos

Quantas vezes passas perto

mas com pressa.

Olha em volta.

Fica quieta
não faz nada
observa.

Trava a pressa
os gestos
e espera.

Nem espera
pois a espera
já te move.

Fica imóvel
e respira
a paisagem que te envolve.

Enche os olhos
capta os verdes
escuta o que dizem as folhas!

Saltitar de sabiás
zumbido de abelhas

estalos de galhos

e a dança das samambaias

pouco além a loucura da pressa.

Aqui te restabeleces.

quietude, 1998

Uma casa tão linda

pensou o menino.

A porta de vidro

    os trincos dourados

    as flores

    os bancos

    os santos e o anjo.

Quem será que mora dentro?

pensou o menino que tem na rua sua morada.

Não sabe

que a casa tão linda

de trincos dourados

é a casa dos mortos

abrigados da chuva

do vento e do frio.

A casa abriga

    mais nada

    que é nada ali dentro.

A vida

aqui fora

na chuva

no vento

no frio

e no chão.

paradoxos, 1989

Morre o seu vizinho
parte pra longe o parente
e tudo fica como está.

Vai-se o motorista
morre o oculista
        você perde o cozinheiro
o padeiro
o sapateiro
o quitandeiro
        e tudo fica como está.

Você perde o avião
roubam-lhe o cartão de crédito
o talão de cheque
o carro
o cofre
e tudo fica como está.

        De repente
                alguém todo seu que lhe escuta
                e conversa
anuncia o adeus.

Na partida e na perda

você está só.

Nada fica como está.

perdas, 1987

Descruza teus braços

solta teus pés

olha para a estrada

vai caminhar.

Solta teu grito

solta essas cordas

ainda é tempo

de procurar

outro horizonte

outras esquinas

outros silêncios

barulhos outros

sentir o outono

de outro lugar.

Vê se interrogam

o teu olhar.

Vê se descobrem

o teu cismar.

Pega nas tintas

pinta teus quadros

pega no lápis

    põe os teus versos.

Dança essa dança

    presa em teu peito.

Corre no vento

    enquanto é tempo.

A vida é curta

e também longa

ainda há tempo

    de te encontrar.

meio caminho, 1984

Desencontro
sentimento
meio fora de mim
meio fora do corpo
um querer outra coisa
memória que foge.

Pensamento em círculos
sensações
– estou e não estou
mas sou.

Pensamentos vêm
em turbilhões
e somem.

Nada se define
pressa e calmaria
passos que não dou.

Bloqueio que não rompo
me subjuga.

Espero.

Não quero demitir-me.

Busco e não encontro

desencontro.

desencontro, 2005

Chegam pelo ar as notícias
– como tudo mais
nesta praia deserta
sem jornais.

E como o mar
    o rumor das praças
    as palmas e o júbilo
    e o hino envolto
    em renovado orgulho.

Emoção e delírio.

Mas esquecer jamais
        o martírio
        e o abafado grito
        da tortura.

Chegam pelo ar
        palavras esquecidas
        e vozes silenciadas
    na mordaça
    da censura.

Verdades ressurgem
das cinzas
de um tempo
apodrecido
nas promessas
do milagre
construído
com a fome do povo
desprovido
de trabalho.

Como a onda
que cresce
e forte se espraia
uma Esperança verde-amarela
se derrama
sob o céu azul
deste janeiro.

janeiro, 1985

Levanta, mulher!
Tu que sonhas
em sentar-te à beira do caminho
descansar de um tempo ninho
buscar um tempo-teu, descanso.

O ninho é um tempo
de acalanto e aconchego
que te enrosca em teias
e te prende o voo.

Olha a tarefa nova que te espera!

Mulher
teceste tantos ninhos
alça voo e encorajada salta
outra é a hora
que hoje te aguarda.

Se é grande o anseio
que em teu peito habita
maior é a tua força.

No voo escuro

na coragem cega

encontrarás a Luz

e o fogo do caminho.

Sequer suspeitas quem te espera ao longe

e que esperanças

o teu passo acolhe.

Passo!

Passo a passo

do novo caminho.

Alarga o coração

que Deus fez generoso

és maior do que o teu tempo-ninho!

Agora é a estrada

é estranho

é tempo novo.

É além das cercas

o desconhecido.

A Fé que amamos não finda num canto!
Mas em campo novo
e nova plantação!
Passado é o tempo da semeadura.

O que acolheste emerge
e o Vento ansioso espera
a arrebentação.

A Fé que amamos não finda num canto
cresce em campo novo
em cada tempo.

meio caminho, 1986

O meu amor por ti

paixão – quando te vi

oh, mar!

Longe a lembrança

a estrada

a poeira

o mar.

A vez primeira

olhos ardidos

carambola na onda

a boca mastigando areia.

A volta

o vento

a estrada é a praia

de palha, a esteira

fluxo e refluxo.

Oh, mar!

E vi meu rio parado, triste, tão parado
que de remorso por te amar, fiquei
e pelo amor antigo
o rio onde nasci.

Te reencontrei do alto
avião sobrevoando a costa
espuma branca
rendilhando a praia.

Eu, deslumbrada!

O azul imenso
de uma imensidão sem fim.

Oh, mar!

O meu amor por ti
me envolveu para sempre.

Nas ondas fortes e nas calmarias
nas noites secas e na água, o luar.

Como te amei
em horas silenciosas
perdido o olhar
nas vagas.

Suspeitando mistérios
e segredos
em ecos milenares
          de prantos e cantares.

Oh, mar!

O meu amor para sempre
(o imenso mar e Deus presente).

Eu te amei
mais verde e mais azul
nas curvas e rochedos.

Te senti de perto
de dentro
mergulhando fundo.

Tão fundo te fizeste em mim
que eu brotava na margem
como parte tua:
concha e areia
sereia e alga.

O meu amor por ti
de saudade morrendo
e não poder te ver
doeu tão fundo
que em ânsias
espero o tempo
de te rever.

oh, mar!, 1985

... escutando Tchaikovsky

Não mais
a dança das horas
na cadência do tempo
tarefas repartidas
entre intermezzos
e *alegro ma non troppo.*

Semear, regar
recolher, debulhar
triturar, cozinhar
tecer, coser.

Manhãs amanhecendo
tardes se estendendo
lentamente.

A mesa posta
o café
a reza.

O silêncio recolhido da noite.

Agora

a noite acesa

no trabalho sem fim.

A corrida manhã

embutida na tarde

– escapando.

E afinal pra quê?

Se a noite

sucede ao dia

e o crepúsculo teima em ser longo

neste outono

como a dizer

mudo e contundente

que o tempo permanece

harmonioso e persistente.

a dança das horas, 1975

A folha em branco.

O tema.

a inspiração

– falida.

O assunto?

Morte

e vida.

Rostos que me fitam

afirmações convictas

e todos muito dizem.

Na rua

uma criança corre

e outra inda escondida

minúscula e viva

morre.

No ventre.

momentos, 1983

Caminharam
pelo corredor de plátanos
a casa ao longe
presa à terra
mas vazia.
Entre teias
e rachas
mudos personagens
povoavam a memória.
Tantas teias
tecendo encontros
lembranças do tempo vivido
sem rachas
e saudade.
Caminharam sobre folhas secas
silenciosos.
Era outono.
E porque era outono
as árvores estavam tensas
e solenes.
À sombra da figueira
ecos da infância
subiam do peito.

E o pranto

que brotou

era mais farto

que o borbulho

da cascata.

O tempo?

...o tempo ali, permanente.

Eles e as coisas

passavam.

casa velha, 1978

De repente
um galho tombou
sobre folhas secas.
Os passarinhos
cantando.

De longe
um ritmado ruído.

Bancos vazios
silenciosas testemunhas
do acontecimento.

De repente
na manhã luminosa
um galho seco tombou.

galho, 1966

Todas estas correntes

e estes muros

e estes pesos.

Tudo o que tolhe

o que impede

o que sufoca.

Todo este mormaço

que cansaço.

mormaço, 1974

I

Os jacarandás
          se vestem de roxo
e a glicínia
          debruçada no muro
          derrama seus cachos
          como um lamento mudo
          sem consolo.

II

Eu levo
singelas sempre-vivas
          do meu jardim
e planto-as
com ternura e saudade
no jardim dos mortos
(que sei vivos para sempre).

III

Um homem desceu do ônibus
          roupa surrada
          e ar solene.

Trazia nas mãos
um ramo de flores
cultivadas no quintal da casa
            para colhê-las
            na manhã de finados.

IV

A mulher burnia o bronze
            e a moldura do retrato
como se lavasse
      o rosto do filhinho.

A data
teria hoje trinta anos.

A mulher envolvia
      com olhos molhados
      o rosto de seu menino de três anos.

finados, 1984

É tema batido
a chuva batida
telhado molhado
a alma lavada
o pranto contido
os olhos abertos
na madrugada.

A chuva batida
molhando a saudade
o pranto contido
escorre
escondido.

a chuva, 1977

rosários

Te encontro no silêncio

e no sussurro

de Tua presença em mim.

I – Contemplação

Toda a beleza rodeando
o canto das ondas nas rochas.
A beleza, a beleza!
Impossível não contemplar.
Mergulho no azul
me embebo de verde
esmeralda derretida
envolvendo o corpo
que dança, nadando.

Peixes coloridos que assustados se afastam
num balé entre algas e rochas.
Aliso o verde musgo das pedras
belo como um veludo.
E Lhe encontro na visão
da gaivota planando.
Mergulho no todo
sempre sentindo
sempre sabendo-me
parte d'Ele.

Mergulho e me entrego

aspirando armazenar

ciosamente

beleza, sol e vida

para um tempo que virá.

Mas agora

estou, movo-me e sou

na beleza que em mim palpita

e ao meu redor e em tudo habita

absorvendo e absorvida

completa.

II – Partilha

Surge um momento

em que o silêncio

explode

e rodopia a mente

no anseio de partilhar.

Se isso ocorre

é o cêntuplo

prometido há séculos
por Aquele cuja palavra
não morre.

III – Compromisso

Num outro instante
que se atropela neste
e que impele
a escutar vozes distantes.

O surdo lamento de homens
arrastando correntes
mulheres prisioneiras de mil
impossibilidades.

A escuridão das minas
dos porões, das prisões, a exclusão!

Peregrinos do nada
buscando o pouco
que sobra a tantos.

O estrondo das guerras
estilhaços se espalhando
como as ondas na margem.

Crianças molhadas
não na alegria do mar
mas nos charcos que rodeiam as cidades.

Eu me sacudo por dentro
para saber que dom é este
que de graça recebi
(de estar deste lado preservada).
Dividida entre o gozo
e o compromisso
faço do louvor
uma promessa.

mar, 1995

Sonho com o dia
da transparência
da sinceridade
do entendimento.
Do olhar limpo
sem reticência.

aspiração, 1961

Nada leio

tampouco rezo.

Procuro o vazio

e absorvo

o que me rodeia.

Acolho a Palavra

que me invade.

Nada escrevo

nem leio.

Recebo

a revelação do silêncio

bebendo com os olhos

o que me rodeia.

agenda, 1994

É inverno em minha alma
inverno, vento seco e tarde cinza.

Caminho em ruas desertas
portas fechadas escondem
o braseiro do aconchego.

Eu indago: onde está o meu Senhor?
Procuro-o querendo o antigo consolo
penso nos tempos em que reclinava
o meu coração e no seu encontrava
alento.

Ando como alguém
que procura um bastão
para apoiar-se contra o vento
que procura um xale de lã grossa
para aquecer também o coração.

Recordo o tempo de entusiasmo
tenho saudade do tempo de pertença
em que tudo parecia parte do projeto
e o meu coração cumpria sentenças.

Agora nada escuto.

É um silêncio vazio, imenso.
Sinto-me avulsa e sem rumo
estrangeira nos corredores que percorro.

O céu está fechado, é cinza-chumbo.
Ausência de nuvens
que possam dissolver-se em chuva
que se derrame sobre a terra seca e árida
onde sozinha brado e clamo
sedenta.

presença oculta, 1995

Que não seja inútil este sofrimento
nem inútil a dor em não poder mudar.
Que o passo possível
        seja dado.
E a coragem do impossível
        impulsione meu anseio.
E torne ato
        o pensamento imposto.

Que a Fé revele o único!
...o escondido
        na aparência múltipla.
E separe o permanente
        do que passa
para fixar-se o inútil passo
        no que permanece.

Sem demitir-me do presente
        os pés envoltos na poeira do agora
mas a alma!
A alma alçando-se no Eterno.

Impossível de pensar ainda

mas único

ânimo

do coração peregrino.

anseio eterno, 1986

O silêncio na serra é
um silêncio de expectativa.

De longe
vozes
        estalos
        mugidos.

E o silêncio, denso.

Silêncio de reencontro.

Estou na Presença que pressinto.

E peço que me habite
que fique
        sussurre
        e que eu veja!

reencontro, 1988

Entendo a taça que transborda
a cascata
o salto
e o mar revolto.

Não aceito
a flecha
a indicação
o cálculo e a medida.

Tudo o que brota
que emerge
e na ânsia
se supera
é cintilação do
Infinito.

momentos, 1978

O suave rumor do rio

        penetra pela janela aberta

o colorido define

        o contorno das coisas.

Alguns se despedem da noite

outros a faina iniciam.

Mas antes

este silêncio eloquente

este ruído de Presença.

Pouco a pouco

os ruídos do dia.

amanhecer, 1978

É preciso

abrir sem receios

o coração

a mente

e tudo o que revela.

A palavra!

– usar sem rodeios.

Importa

transparecer.

revelação, 1984

O tempo
é o tempo
em que se vive
ou permanece o tempo
além da morte?

Morte!
Impossível que essa
visível
seja o fim.

perplexidade, 1987

Solta o olhar
para dentro da mata
                    sem busca
e sem espera.
E o que existe
vem ao teu encontro!
Musgos, orquídeas, besouros
e a textura dos troncos.

Devagar um galho seco
desprende-se de sua árvore.

Logo adiante
surge o broto de uma hortênsia
ao final de longo
e forte inverno.

Densa é a vida que te envolve.

contemplação, 2007

Que tempo era aquele
em que o caminho
era curto
e voava a hora?

Hoje
longa a espera
e a distância infinda.

Calmas águas
refletindo
imutáveis sonhos.

Que tempo era aquele
que escapou
sorrindo?

fugacidade, 1977

Era uma chuva em flocos

como se fosse

neve

e o vento levava as folhas

de leve.

Senti o inverno chegando

em breve.

momentos tempo-chuva, 1970

São sentimentos
	que te digo
e não ideias.

São sentimentos
que emergem
do núcleo
e não da margem.

Peço que descubras.

A cor do crepúsculo
pungente
o silêncio profundo
o zumbido
de um besouro
o rumor
de um pássaro!

O estalar de um galho
soltando-se.

A luz

fazendo cores

por entre as árvores

e eu, viva, vendo!

revelação, 1985

relíquias

Onde buscar o fio que um dia prendeu?

Quero a palavra
fiel ao sentimento
para gravar
a beleza do instante.

Por que perder
    o tempo da nuvem
    do pássaro que voa
    da pétala que cai?

Quero gravar
a magia do momento
e na ausência
da palavra que procuro
deixo rabiscos no pensamento.

Olha comigo
sente também.

E na beleza
envolvente

vê a promessa

o prelúdio

a aurora

do instante

que permanece.

nostalgia de eternidade, 1966

Eu carregava
todo o peso
da beleza do entardecer.
Um desses momentos
que reverenciamos
mesmo sem querer.
Dirigia o carro costeando o rio.
E a limpidez
do azul-noite
e a meia-lua
e uma primeira estrela.
O deslizar do carro
era um momento
de reter.

entardecer, 1970

Gosto do silêncio

mas hoje soa opressor

dia cinza e apartamento vazio.

Invade-me a lembrança

dos almoços de domingo

o matinho

os carros chegando.

Arrumava as mesas, contando os lugares.

Sinto o cheiro das árvores

ouço os sabiás

e as vozes das crianças.

Aqui vem cantar um sabiá

mas é um canto nostálgico.

A enorme mesa está vazia.

Me enrolo no aconchego

das lembranças

...mas não choro!

A saudade imensa

é a presença que me habita.

saudades de ipanema, 2002

São escadinhas do céu que se entremeiam
as sempre-vivas
as mesmas de quando era menina
e brincava sob essas árvores.

Os musgos e as heras
como tudo o que antes era.

E a mesma sombra
o sol fazendo cores
entre os cambuís.

Os mesmos
de onde o pai tirava os ramos
e borrifava a salmoura
nos churrascos de domingo.

Os mesmos tortos
lindos galhos
dos quais a mãe acariciando
retirava com zelo
os parasitas.

Os sabiás, também os mesmos
e os sons.

O sino da igrejinha
(só o sino, no mais tudo mudou).
O murmúrio do rio.

E as vozes
de pais, de filhos, de netos.
Os assuntos também já se parecem.

As meninas, porém, são minhas netas.
E na avó que hoje sou
vive a menina
que brincava neste mesmo mato.

A saudade de outro tempo
mistura-se à alegria
de pensar que estou vivendo
o momento que hoje revivo.

recordação de ipanema, 1987

Primeiro foi o mar
com o verde-esperança
e o vaivém das ondas
cantando.

Depois
andando
descobri as rochas
e nelas o tumulto do mar.

Então
a noite.

Sem lua e sem estrelas
só pranto forte das ondas.

Amanheci
em destroços.

Estava
entre o mar e as rochas.

espanto, 1970

Solidão aguda.

Esta tarde cinza
e a opressão das sombras.

Pesa o silêncio
que se derrama em mim
morrem na garganta as palavras
que não digo.

Seco está o ouvido
por não ouvir tua voz!

dor de ausência, 2003

Pronto.
Cessa agora
um pouco de pensar!
Recosta a cabeça
e escuta
a chuva chorar.

Passou a tormenta
tudo principia.

A calma chuva
acalma o pensamento.
Perde este dia
retém teu movimento.
Apenas escuta
e quieta
espia
as folhas lavadas
e o canto desse vento.

Deixa lavar
um a um os teus tormentos
com esse pranto.

manhã de chuva, 1971

O futuro me pegou

desprevenida.

Antes que a vida passe

quero passar pela vida.

É preciso correr

e alcançar o tempo

ou voltar atrás e acertar o passo?

O futuro não é amanhã

o futuro é este momento.

Tenho pressa.

Antes que a vida passe

quero entrar em compasso.

Entre o tempo de dentro

e o tempo que passa.

descoberta, 1984

Linda velhinha

na sacada

sorrindo

como a esperar

o eterno namorado

– ausente para sempre.

Rega flores

de sementes adormecidas em papel de seda.

Seu sorriso é uma dádiva

fortaleza vigilante

protege com

terno olhar

atento como antigamente

com a filha ao colo.

Saudade de sentir sua força imensa

a envolver-me.

Frágil e linda velhinha

de cabelos brancos

saudade de afagá-los entre os dedos.

Silenciosa, tão presente

de onde está

se faz aqui

mãe

presente

como sempre.

frágil fortaleza, 1978

Vi o vento
amainar
e senti a quietude
que pouco a pouco
se fazia.

Crianças partiam
e pares chegavam
de mansinho.

A tarde foi se escondendo
da noite.
E era ao crepúsculo
que te esperava.

A silhueta de mãos
entrelaçadas
aumentava
meu temor principiado.

Mas te esperava.

Não era noite de lua.

O ar

o cheiro da noite

o murmúrio do rio

chegando à praia.

Eu te esperava.

Um frio de angústia

correu em meu corpo.

A nuvem chegou.

Somente tua ausência

ficou comigo.

a espera, 1962

Eles dormiam abraçados.
A cama era larga
a noite era curta.

E separavam-se
apressados.

O horário
o corre-corre
a rua
loucura.

E a tarde chegando sem pressa
e a promessa
de voltar!

Trabalhavam noite adentro
cansados
abraçados
tudo diziam
nada falavam.

Ternura

cura

mãos dadas.

A canção compassada do teu coração

transparência

e um silêncio de certezas.

amor, 1977

Vamos partir, amor
vamos partir bem cedo
sair de madrugada
tomar o café na estrada
ver os campos fugindo...

Vamos partir bem cedo
que a tarde
não tarda.

É preciso ver outras esquinas
além de nossas cercas
deixar os barulhos de sempre
buscar o silêncio de nunca.

Depois voltar
achando um gosto novo
em nossas coisas de sempre.

convite, 1974

Fomos os dois sozinhos
e devagar
olhando os nomes
e as frases de saudade
fizemos tantos comentários.
Como farás?
Como farei?
É melhor partirmos juntos!
Mas se eu for primeiro
me cobres de cravos vermelhos?

A vida passa!
Tudo foi ontem...
lembras dos cravos vermelhos?
Como pensar em passar o tempo?
– tempo houvesse
para viver tudo na vida.

juntos, 1984

Te arranca

do ontem

te joga

no agora

– trampolim do amanhã.

momentos, 1985

rés do chão

E deparou-se com o muro
para ultrapassá-lo
uma escolha:
tornar-se águia
ou lagartixa.

Chovia

simplesmente chovia.

Continuaria contemplando
a paisagem cinza
como contemplava
no outono, um entardecer
dourado.

A vista do coqueiro
abanando ao longe
trouxe a lembrança
de outra tarde.

Na casa antiga
descera as escadas ligeiro.
Os degraus rangiam
(vontade de descer os degraus de si mesma
rangida descida
lançar um anzol no passado
buscar as razões do presente).

Descera as escadas ligeiro
e apanhara os papéis
guardados no tempo.

Sempre a tentativa de revelação
chegando tarde
a sensação frustrante
de que tudo lhe escapava
fugia, voava.

E a pobreza das palavras
o pensamento girando
os dedos presos.

Até que decidiu romper o silêncio
saiu para o jardim
maço de papéis
ao colo, como ave
pronta para o voo.

De repente levantou um pé de vento.

As folhas fugindo
ela corria de um lado para o outro
tentando em vão
recuperar seus pensamentos
buscando o que lhe escapava
perdeu
o que apertava ao peito.

Então teve dois pensamentos:
um passageiro.
O outro, definitivo.

O primeiro
– quando as folhas voavam, desesperada, dizia:
minha vida, toda minha vida.

Consolou-se porém ao pensar
que estava livre.

E as folhas ao longe
pareciam mensageiras de sua antiga novidade.

Então choveu.

Agora sim a chuva
modificava tudo.

Choveu, cada vez mais forte
a água fixando as folhas na areia
desmanchando o contorno das letras
decretando as palavras à morte.

Deixou-se embeber por esse pensamento
como deixava a chuva escorrer pelo seu rosto
pelo seu corpo
entregue.

Viu uma plantinha
nascida na areia
sacudida pelo vento
embebida pela chuva
presa à raiz
espichando-se à procura do sol.

Contemplou-a

enquanto via a chuva

empurrando fundo

suas folhas de papel.

Veio o pensamento definitivo.

Então, aquecida por dentro

fez-se semente.

a semente e a chuva, 1979

Esta saudade doida

doída

às vezes parece

adormecida

dando sossego ao coração.

Mas volta e meia

volta

e afunda

deixa o coração raspado

o ouvido seco.

Zanzo pela casa

o silêncio pesa

só há sinais de ausência.

Não há consolo

quando dói assim.

Há só um copo

em vez de dois.

Não vou abrir o vinho

só para mim.

saudade, 2002

Gostaria de te contar
o que passa
mas tenho pressa.
Sempre muita pressa.

Os dedos ficam rijos
enrolados
não deslizam
como desliza o pensamento.

E a palavra
desvalida
sem força
de expressar
o que é pungente.

Então
vê se me entende.

É um esboço
um sinal
um sacramento.

Queria uma palavra

muito viva

nesta perene tentativa

de expressar

o sentimento.

explicação, 1973

Senti-me

de repente

em perene gestação.

Um parto que não se dá

um casulo de alienação.

É preciso romper

a teia que me prende.

Germina a libertação.

a hora de ser, 1963

Sentir teu olhar

buscando o sentido

além do muro

da aparência

onde somos nós

e

...sós.

Sentir o momento

de dispensarmos

toda explicação.

Quando o silêncio

o gesto

e o olhar

serão o sentido

de nossa permanência.

anseios, 1966

Dói.

Dum jeito doido

desde que disseram:

"doida"!

Doeu dum lado

e do outro

e de dentro.

De que adianta dizer?

Disseram: "doida"

e doeu.

Duma doideira

doida.

doida, 1970

Minha vida
sinto plena
tanto quanto
possa ser.

Mesmo assim
tenho pena
de outras vidas
não viver.

Esta vida
inda é pequena
para a ânsia
que há em mim.

vida plena, 1979

Deixar um pouco a estrada
dura e árida
e abandonar-me à sombra refrescante.

Sentir sob os pés a doçura da terra
e repousar sobre folhas silvestres
esquecida do tempo e da sensatez.

Ouvir
tudo aquilo que a pressa não deixa
a fonte cantando
e o sussurro do silêncio.

só resta a lassidão, 1966

Quero branco

branco – branco

quero pensar em nada!

Branco.

E não consigo pensar em nada.

Por mais que recolha a calma

não encontro o nada.

A mente fervilha

e oprime a alma.

E eu na ilha

busco a ponte

e

encontro nada.

branco, 1972

Mais uma vez
cheguei tarde.
Digo isso sem alarde.
Por que revelar
                    o escondido?
          Agora é tarde.

Dobro
redobro
e guardo.

          Há quem leia meus poemas
não-nascidos?

tristeza, 1976

À professora Iolanda Furtado Bastos,
amiga que me indicou Júlia e Vanessa,
da Agência da Palavra,
que me fizeram crer
que eu tinha algo a partilhar.

À Alice Lewkowicz, parteira da palavra!

ROMANCE

Sanga Menor · *Cíntia Lacroix*

Enchentes · *Guido Kopittke*

Crime na Feira do Livro · *Tailor Diniz*

Moinhos de sangue · *Ana Cristina Klein*

Fetiche · *Carina Luft*

Sob o Céu de Agosto · *Gustavo Machado*

Helena de Uruguaiana · *Maria da Graça Rodrigues*

CONTO

Um guarda-sol na noite e outros contos · *Luiz Filipe Varella*

O Ideograma Impronunciável · *João Kowacs Castro*

Mar quente · *Enio Roberto*

O girassol na ventania e outras histórias · *Marco De Curtis*

Outras mulheres · *Charles Kiefer (org.)*

Contos da mais-valia & outras taxas · *Paulo Tedesco*

O quase-nada · *Valmor Bordin*

Entre sombras · *Saul Melo*

Ponto final · *J. H. Bragatti*

POESIA

Cor de maravilha · *Maria Joaquina Carbunck Schissi*

Menino perplexo · *Israel Mendes*

Leia-me toda · *Claudia Schroeder*

Rabiscos no pensamento · *Helena Hofmeister Martins-Costa*

Para consultar nosso catálogo completo e obter mais informações sobre os títulos, acesse www.dublinense.com.br.

dublinense

Este livro foi composto em fontes Fairfield e Dutismo e impresso na gráfica Pallotti, em papel pólen bold 90g, em março de 2011.